Bilder der
Luftfahrt

DER FLUGHAFEN
WIEN-ASPERN

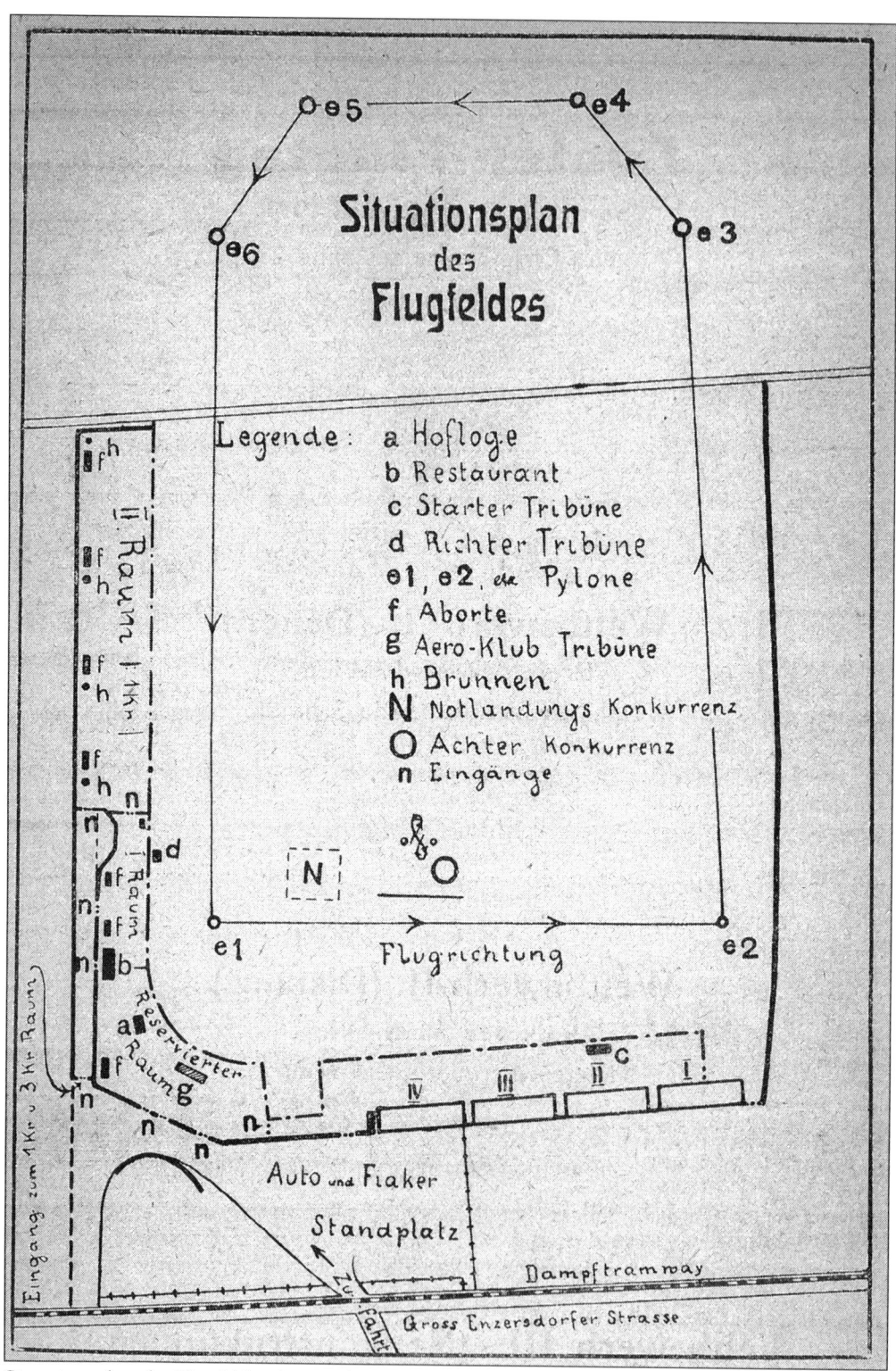

Situationsplan des Flugfeldes Aspern beim Internationalen Flugmeeting im Jahre 1913.

Bilder der
Luftfahrt

DER FLUGHAFEN
WIEN-ASPERN

Reinhard Keimel

SUTTON
VERLAG

Die Hangargruppe in der Südwestecke des Flugplatzes Aspern um 1926. Die beiden Hangars stammen aus der Kriegszeit, darin waren die Flugzeuge der Cidna, der Flugpolizei, Sportfliegerei etc. eingestellt. Dahinter befanden sich das Verwaltungs- und das Abfertigungsgebäude.

Sutton Verlag GmbH

Hochheimer Straße 59

99094 Erfurt

http://www.suttonverlag.de

Copyright © Sutton Verlag, 2009

ISBN: 978-3-86680-511-8

Druck: Books on Demand GmbH, Norderstedt, Deutschland

Inhaltsverzeichnis

Literaturnachweis

KEIMEL, REINHARD: Flugzeuge, die Flugzeuge der ÖLAG und der Austrian Airlines – Rißzeich-
nungen und technische Daten aller Flugzeugtypen – Strecken- und Flugpläne – Piloten-
schulen. Die Geschichte der österreichischen Fluglinie von 1923 bis heute, ORAC 1983
LENOTTI, WOLFRAM: Mehr als ein Landeplatz – 75 Jahre Flughafen Wien, Compress Verlag 1987

Bildnachweis

DEUTSCHE LUFTHANSA AG: Seite 53o., 54u.
HEINZ POLLANI: Seite 114o., 116o.
REINHARD KEIMEL: Seite 123, 124, 125.
Alle anderen Fotos und Abbildungen stammen aus der Sammlung des Österreichischen Luft-
fahrt-Archivs Wien.

Danksagung

Die Fotos im Luftfahrt-Archiv Wien wurden in vielen Jahren von den derzeitigen und den
leider bereits verstorbenen Mitgliedern des Vereins gesammelt oder um Mitgliedsbeiträge und
Spenden aus Nachlässen angekauft. Ihnen allen vielen Dank, dass die Fotos und Unterlagen
so bewahrt werden konnten. Dank auch dem Österreichischen Aero-Club für seine großzügige
Unterstützung.

1

Die Jahre bis zum Ausbruch des Krieges

Der Flugplatz befindet sind nordöstlich des Zentrums der Stadt Wien, dort, wo 1809 die Schlachten gegen die napoleonischen Truppen stattfanden. Am Beginn des 20. Jahrhunderts ließen der Österreichische Aero-Club und der k.k. Flugtechnische Verein die Gelände bei Aspern, Simmering, Inzersdorf, Schwechat und Leopoldau untersuchten. Am 25. Jänner 1912 fand schließlich in der Kanzlei des Advokaten Dr. von Foregger die Gründung der neuen Wiener Flugfeld-Gesellschaft m.b.H. statt. Als Wettbewerb mit Zielort Aspern beschloss man eine Fernflugkonkurrenz von Berlin nach Wien vom 9. bis 12. Juni 1912. Offiziell eröffnet wurde das Flugfeld mit dem Ersten Internationalen Flugmeeting vom 23. bis 30. Juni 1912 mit 44 Piloten. Das zweite Flugmeeting fand vom 15. bis 23. Juni 1913 statt. Täglich gab es Konkurrenzen in Dauer, Distanz und Flugzeugneukonstruktionen. Das dritte Flugmeeting wurde vom 21. bis 29. Juni 1914 ausgetragen. Die Fabrikbesitzer in Aussig, Georg und Heinrich Schicht, hatten 100.000 Kronen für einen „Rundflug durch Österreich-Ungarn" gestiftet.

Die Wiener Firma Lohner hatte für den Fernflugwettbewerb Berlin–Wien 1912 den Pfeilflieger „Aspern" extra gebaut. Piloten waren bei diesem Wettbewerb Oberleutnant Philipp von Blaschke und Oberleutnant Eduard Nittner.

Vom 9. bis 12. Juni 1912 fand der Flugwettbewerb
Berlin–Wien statt. Die Wiener Firma Lohner beleg-
te mit dem Pfeilflieger „Aspern" den zweiten Platz.

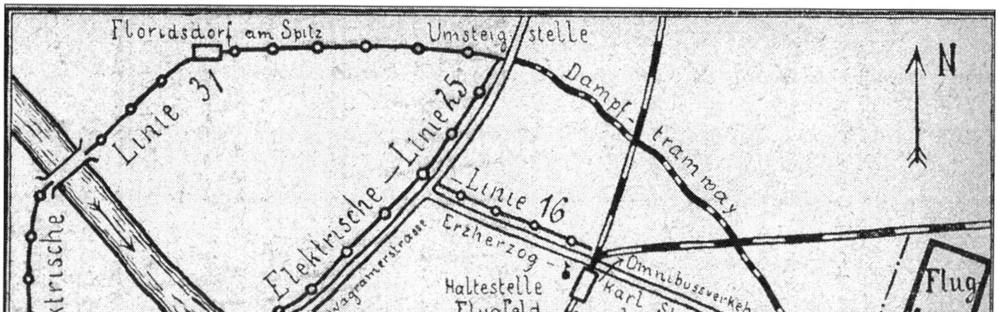

Das Bild zeigt die unterschiedlichen Möglichkeiten, auf das Flugfeld bei Aspern zu gelangen.

8

Ein besonderes Ereignis war am 9. Juni 1913 der Besuch des Zeppelin-Luftschiffes „Sachsen".
Mit an Bord war Graf Zeppelin, Luftschiffführer war Dr. Hugo Eckener. Ganz Wien war auf den
Beinen als das Luftschiff landete. „Der Zeppelin war in Wien" hieß es noch viele Jahre später.

Dr. Hugo Eckener, Ferdinand Graf von
Zeppelin und ein Offizier in der Gondel
des Luftschiffes Zeppelin „Sachsen".

Das Plakat bzw. Titelbild für das Internationale Flugmeeting Wien vom 23. bis 30. Juni 1912.

Vor dem Pfeilflieger „Aspern", mit dem während der Flugwoche 1912 vier Weltrekorde aufgestellt werden konnten, stehen von links Oberleutnant Carl Banfield, Oberleutnant Eduard Nittner, Oberleutnant Philipp von Blaschke und der Konstrukteur der Maschine von der Firma Lohner, Karl Paulal.

Sieger der ersten Internationalen Flugwoche in Aspern, vom 23. bis 30. Juni 1912 war der Franzose Garros vor von Blaschke. Von Blaschke stellte mit dem Lohner-Pfeilflieger „Aspern" drei Höhenweltrekorde auf: ohne Passagier 4.360 Meter, mit Passagier 4.360 Meter, mit zwei Passagieren 3.500 Meter.

Das zweite Internationale Flugmeeting in Aspern fand vom 15. bis 22. Juni 1913 statt. Karl Illner machte sich zum Start mit einem Lohner-Pfeilflieger mit der Wettbewerbsnummer 10 bereit. Ferdinand Porsche überwachte persönlich den 120-PS-Austro-Daimler-Motor seiner Konstruktion.

Beim Flugmeeting 1913 fand ein Massenstart zu einem Flugwettbewerb statt. Daneben standen Höhenflüge, Steiggeschwindigkeitskonkurrenzen, Messungen der Differenz von Höchst- zu Minimalgeschwindigkeit, Notlandekonkurrenzen, „Achter-Flüge", schnellste Runden etc. auf dem Programm.

Besucheransturm während des zweiten Flugmeetings in Aspern im Jahre 1913.

Zum Flugwettbewerb 1913 kam auch eine Abordnung der Fliegertruppe aus Fischamend zu Besuch, die Flugzeuge waren vom Typ Lohner-Pfeilflieger.

Bei der Flugwoche 1913 war in der Zuschauerloge die spätere Kaiserin Erzherzogin Zita zu Gast.

Die erste Flugschülerin und zweite geprüfte Pilotin Österreich-Ungarns Lilly Steinschneider im Farman-Cockpit mit Pilot Maurice Chevillard beim Flugmeeting des Jahres 1913.

Auch ein Schwingenflieger, gebaut von Ferdinand Kornfail, nahm mit der Wettbewerbsnummer 14 am Meeting 1913 teil.

Mit der Wettbewerbsnummer 26 startete Giovanni Widmer beim dritten Internatonalen Flugmeeting in Aspern auf der neuesten Lohner-Etrich Konstruktion.

Zum dritten „Internationalen Flugmeeting" in Aspern vom 21. bis 29. Juni 1914 war dieser Lohner-Pfeilflieger mit der Wettbewerbsnummer 21 gemeldet. Eingebaut war der erste 12-Zylinder-Austro-Daimler-Flugmotor mit 250 PS Leistung. Pilot war Carl von Banfield, ein Bruder des später berühmten „Adler von Triests" Gottfried Freiherr von Banfield.

Vom 19. bis 26. April 1914 fand ein „Schicht-Flug" durch Österreich-Ungarn statt. Die Aufnahme zeigt den teilnehmenden Lohner-Pfeilflieger Nr. 25. Danach folgte das dritte Internationale Flugmeeting. Am 28. Juni, am Ende der Veranstaltung, fielen die Schüsse von Sarajevo, damit war die zivile Nutzung für Jahre vorbei.

2

Die Zeit des Ersten Weltkriegs

Während des Ersten Weltkriegs rüstete man in Aspern die Fliegerersatzkompanien aus, baute zahlreiche neue Hangars, Werkstätten, Materiallager und Mannschaftsunterkünfte. Das Heer stellte die Flugparks 8 und 14 auf, die Flugzeugwerke ihre Endmontage- und Reparaturwerkstätten und man flog hier auch die Flugzeuge ein. Erst 1918 begann wieder eine zivile Tätigkeit, als die erste regelmäßige öffentliche Luftpostlinie der Welt installiert wurde. Diesen Gedanken nahm der Postgeneraldirektor Konrad Hoheisl auf, um die Ukraine in greifbare Nähe rücken zu lassen. Die k.k. Generalpostdirektion wandte sich um Unterstützung an die Fliegerverbände des Heeres, die schließlich Flugzeuge, ihre Erfahrungen und zur Organisation den erst 24-jährigen Frontfliegeroffizier Rittmeister Feldpilot August Raft von Marwil abstellten. Ab dem 31. März 1918 wurden Telegramme und Briefe für den flugplanmäßigen Betrieb angenommen. Geflogen wurde in Etappen von Wien nach Krakau, Lemberg, Proskurow und Kiew. Eine Abzweigung kam ab Mai von Proskurow nach Odessa hinzu, ab 4. Juli 1918 die Strecke von Wien nach Budapest. Die Luftpost war bis Ende Oktober 1918 in Betrieb.

Die Fliegerkompanie 9 und der Fliegerersatzkompanie 1 im November 1914. Der Flugplatz wurde militärisch genutzt, Luftfahrtruppen bauten Aspern aus. Hier wurden die Fliegerkompanien aufgestellt und abgeschickt, Flugzeuge übernommen, eingeflogen und anschließend an die Truppe abgeliefert. Das Foto zeigt eine deutsche Konstruktion der Type Fokker D I.

Flugzeuge der unterschiedlichsten Typen warten auf ihre Abnahme und Einsatz.

Kampfmaschinen vor den Hangars der Einfliegerei. Nach den Abnahmeflügen gingen sie an die Front.

Am 20. März 1918 wurde die k.k. Flugpostlinie von Wien nach Kiew als Probebetrieb einge-
richtet. Ab 31. März konnten erstmals Poststücke für diese erste internationale Postfluglinie
nach regelmäßigem Flugplan aufgegeben werden. Die rund 1.200 Kilometer lange Strecke wurde
täglich in beiden Richtungen beflogen. Sie blieb bis Oktober 1918 in Betrieb.

Die Flugpostbeförderung übernahmen während des Krieges Militärflugzeuge der Armee.

Kaiserin Zita begrüßte den Piloten eines Postflugzeuges der neu eröffneten Linie Wien–Budapest nach der Ankunft in Wien.

Kaiser Karl I. hob den Kronprinz Otto zum Beobachter Oberleutnant von Weigel in das Cockpit des Postflugzeuges der Strecke Wien–Budapest.

Luftbild des Flughafen Aspern gegen Kriegsende. Zahlreiche Gebäude und Hangars standen an den Flugplatzrändern.

Die radio-technische Werkstätte in Aspern.

Die Schlosserei in den Werkstätten.

Die mechanischen Werkstätten.

3

Der Neubeginn – Flughafenpolizei und Flugplatzinspektion

Nach dem Kriegsende gab es in Aspern noch einige flugtüchtige Maschinen, besonders die Doppelsitzer der Type Hansa-Brandenburg wurden weiter verwendet. Anfang 1919 wurden die Fliegerhorste 5 und 6 der deutsch-österreichischen Fliegertruppe aufgestellt, aber bereits Ende August aufgelöst. Im Juli folgte die Aufstellung einer Flugpolizei, die ebenfalls durch das Diktat der Siegermächte 1921 aufgelöst wurde, sämtliche ehemalige Militärflugzeuge und militärische Einrichtungen, auch Hangars etc., mussten vernichtet werden. Trotzdem fanden sich einige ehemalige k.u.k. Piloten, die mit Kriegsflugzeugen Fliegerschulen und Rundflugunternehmen gründeten und Flugtage mit spektakulären Fallschirmabsprüngen organisierten. Zahlreiche Flugzeuge dieser Piloten wurden von der interalliierten Kommission beschlagnahmt und vernichtet. Am 6. April 1922 konnte das Bundesministerium für Handel und Verkehr den Flugplatz in seine Verwaltung übernehmen, was die Öffnung und den Flugbetrieb sicherte. Die Flugplatzinspektion nahm am 11. November 1922 die Arbeit auf. Ihr wurde 1923 die technische und administrative Leitung von Aspern übertragen.

Die drei „Macher" der Flugplatz-Inspektion: Polizei Oberkommissar Dr. August Raft-Marwil im Cockpit, davor Oberkommissar Klepsch und Wehofer mit dem ehemaligen Kriegsflugzeug der Type Phönix D III mit dem neuen Kennzeichen A-7.

Die „alten" und die Jungflieger der Flugplatzinspektion. Von links sind Schwecherl, Fischer, der Schüler Stadtmitzer, Dr. Raft-Marwil, Wehofer, der Grazer Fluglehrer, der Schüler Bsiske und Braun zu sehen.

Die Tafelsitzkarten zum Bankett der Flugplatzinspektion waren humorvoll gestaltet.

Polizeirat Feldpilot Dr. Karl Nikitsch, Major a.D., stürzte am 7. September 1927 mit dem Flugzeug Spad A-9 auf dem Flugplatz Aspern ab.

Der Winter 1927/28 war besonders streng, der Flugverkehr war in den ersten Betriebsjahren nach dem Weltkrieg ohnehin eingestellt. Hier sieht man die Flughafeninspektion und Schneeschaufler.

So sah das Flugfeld während der Schneeschmelze aus: ein großer See vor den Hangartoren.

Kameradschaftsabend der Flugplatzinspektion Aspern um 1930.

Zur Schulausbildung und Überwachung hatte die Flugplatzinspektion noch ältere Kriegskonstruktionen vom Typ Hansa-Brandenburg im Dienst. Sie boten drei Personen Platz.

Die Hansa-Brandenburg C I OE-POB nach einem Brand. Es war eine Konstruktion aus dem Ersten Weltkrieg, sie tat jedoch viele Jahre gute Dienste als Schulflugzeug und Aufklärer.

Kontrolle eines französischen Piloten durch die Flughafeninspektion Aspern.

4

Ausländische Luftverkehrs-
unternehmen

Am 1. Mai 1922 nahm die Compagnie Franco Roumaine de Navigation Aérienne den Linienverkehr auf der Strecke Paris–Straßburg–Prag–Wien–Budapest auf. Ab 1. Juni wurde diese Strecke in beiden Richtungen beflogen, ab 15. September über Belgrad und Bukarest bis Konstantinopel verlängert. Da die Gesellschaft das alleinige Flugrecht hatte, mussten die heimische ÖLAG auf dem Überschwemmungsgebiet der Donau, bzw. der ungarische Aero-Express mit Schwimmerflugzeugen die Verbindungen herstellen und die Ungarische Luftverkehrs AG von Budapest über Bruck a.d. Leitha und Raab fliegen. Allmählich kamen auch andere Gesellschaften nach Aspern: ab 21. April 1924 die Transeuropa Union/ Österreichische Luftverkehrs AG, ab 16. Juli die Ungarische Luftverkehrs AG, ab 15. Februar 1925 die CIDNA, ab 27. April die Aerolot/Polen, ab 17. Mai die Kärntner Luftverkehrs AG, ab 19. April 1926 die Luft Hansa/Deutschland, ab 18. August die Transadria/Italien, ab 12. März 1928 die CˇSA/Tschechoslowakei, ab 23. April die Balair/Schweiz, ab 1. April 1930 die Aeroput/Belgrad, ab 12. April die Imperial Airways/Großbritannien. Ab 16. März 1931 kam die Swissair/Schweiz, ab 1. Jänner 1932 die SAM/Venedig, ab 18. April die Malert/Ungarn, ab 1. Jänner 1933 die Air France/Frankreich, ab 1. Juni 1935 die Statoaero/Preßburg und ab 17. April 1936 die KLM/Niederlande hinzu.

Im Jahre 1930 flogen zehn Gesellschaften Aspern an, dies trug dem Flugplatz den Titel „internationalster Flughafen der Welt" ein. Die Imperial Airways aus England kamen mit einem viermotorigen Doppeldecker des Typs De Havilland Dragon nach Aspern.

Die französisch-rumänische Franco Roumaine de Navigation Aérienne flog als erstes Unternehmen ab 1. Mai 1922 den Flugplatz Wien-Aspern an. Ab 1. Juni gab es eine tägliche Verbindung, ab 15. September eine regelmäßige Verbindung zwischen Paris und Istanbul. Die Aufnahme zeigt eine Potez IX aus späteren Jahren.

Ab 12. April 1930 flogen die Imperial Airways aus Großbritannien Aspern regelmäßig mit verschiedenen Maschinen an. Im Bild ein Verkehrsflugzeug der Type Handley Page H.P.30.

Zum Gedenken an die erste regelmäßige Fluganbindung Asperns an das internationale Netz wurde dieser Stein gesetzt.

Die Deutsche Luft Hansa war bei Schneelage mit Flugzeugen mit Kufen unterwegs, so auch 1930/31. Das Foto zeigt die D-767 „Ruhr" vom Typ Fokker-Grulich F II.

Am 2. Mai 1932 eröffnete die Swissair eine Expressluftverkehrsstrecke von Zürich über München nach Wien mit zwei amerikanischen Schnellflugzeugen vom Typ Lockheed Orion mit Einziehfahrwerk und 575 PS Wright-Cyclon Motoren. Die planmäßige Reisegeschwindigkeit betrug 260 km/h, bis dahin waren es 142 km/h. Ihre Höchstgeschwindigkeit lag bei 365 km/h.

Ab 1. Jänner 1933 flog die Air France Aspern regelmäßig an. Eine der Typen, die auf der Strecke nach Wien eingesetzt worden war, war ab 1934 diese dreimotorige Wibault 283 T.

Die Air France setzte 1935 nach Wien auch die dreimotorige Fokker F.VII-3m ein.

Mitte der 1930er-Jahre kam aus Italien die Air Littoria SA mit viermotorigen Flugzeugen vom Typ Savoia-Marchetti S.74.

Die Firma Heinkel bzw. die Lufthansa konterten die Orion von Swissair mit dem Entwurf Heinkel He 70 Blitz als Schnellpostflugzeug. Die Vorstellung in Aspern fand im Juli 1934 statt.

Mit der Douglas DC-2 flog die tschechische Československá Letecká Společnost (Č.L.S.) in Gemeinschaft mit der Königlich Niederländischen Luftfahrtgesellschaft (K.L.M.) täglich den Blue Danube Air Express. Angeflogen wurden die Städte London–Rotterdam–Prag–Wien und Amsterdam–Rotterdam–Paris.

Die Luft Hansa, die Polen und die Italiener kamen mit Junkers-Verkehrsflugzeugen nach Aspern. Im Vordergrund ist eine F-13, dahinter sind zwei G-24 zu sehen.

Ein einmotoriges Verkehrsflugzeug der Type Romeo Ro.5 aus Italien.

Ein einmotoriges Flugzeug der Type Fokker F.VIIa.

Das damals moderne viermotorige Verkehrsflugzeug der Type Focke-Wulf Fw 200 V2 „Westfalen" der Deutschen Lufthansa. Der Prototyp flog am 10. August 1938 nonstop von Berlin nach New York. Bis zu 26 Passagiere waren in zwei Kabinen untergebracht.

Von der Firma Junkers kam 1939 die viermotorige Junkers Ju 90 V3 „Baden" in Glattblechbauweise. Diese Maschine konnte bis zu 40 Passagiere befördern.

5

Die Österreichische Luftverkehrs AG (ÖLAG)

Dr. Walter Bardas-Bardenau, der mit der Firma Hugo Junkers in Deutschland um Beteiligung verhandelt hatte, erhielt am 3. Mai 1923 die Zulassungsurkunde zur Errichtung einer österreichischen Aktiengesellschaft. Damit konnte die Österreichische Luftverkehrs AG (ÖLAG) ihre Tätigkeit aufnehmen. Sie schloss sich der von Junkers organisierten Trans-Europa-Union an. Am 14. Mai 1923 landete die erste Junkers F-13 von München kommend in Jedlesee. Von hier flog die Ungarische Aero-Express AG mit Wasserflugzeugen nach Budapest. Erst ab 22. April 1924 starteten und landeten die ÖLAG-Maschinen in Aspern. Als zwischen 8. und 12. November 1924 die Eisenbahner streikten, konnte die Gesellschaft einspringen und einen Großteil der Passagiere und des Gepäcks übernehmen. Da die Flugzeuge der ÖLAG auch in Aspern gewartet wurden und nach und nach die neuesten Junkerstypen wie G-24, G-31 und Ju 52/3m in ihre Flotte integrierten, entstand eine eigene Werft. Am 9. April 1933 feierte die ÖLAG das zehnte Bestandsjubiläum. Es gab Rundflüge für die Ehrengäste, flugsportliche Darbietungen durch Piloten des Aero-Clubs und auch die Flughafeninspektion beteiligte sich.

Die Trans-Europa-Union und die ÖLAG, die Österreichische Luftverkehrs AG, eröffneten am 22. April 1924 die Strecke München–Wien. Die Flugzeuge landeten in diesem Jahr erstmals in Aspern, das Jahr zuvor war auf dem Überschwemmungsgebiet der Donau bei Jedlesee gelandet worden.

Winterflugplan der Trans-Europa-Union, in deren Betriebsgemeinschaft die Flugzeuge vom Typ Junkers F-13 der ÖLAG operierten. Gültig war er ab 15. Oktober 1924. Geflogen wurde bis 31. Dezember, dann erfolgte die Einstellung des Winterdienstes.

Ab März 1927 hatte die ÖLAG ihr erstes dreimotoriges Flugzeug vom Typ Junkers G-24 erhalten. Damit eröffnete sie am 21. März die Strecke Wien–Prag–Dresden–Berlin, eine Gemeinschaftslinie von ÖLAG, Luft Hansa und ČSA.

Insgesamt hatte die ÖLAG von 1927 an vier Maschinen des Typs Junkers G-24 im Linienbetrieb. Die A-100, ab 1935 OE-LAB, stand von 1931 bis 1938 im Dienst.

Die Junkers G-24 war modernst ausgerüstet, dazu zählte auch eine 70-Watt-Röhren-Radiosende- und Empfangsanlage der Firma Telefunken.

Zur Kennzeichnung der Flugstrecken hatten die Maschinen neben der Bordtüre Tafeln mit der Flugstrecke angesteckt. Auf dem Foto ist jene der Strecke Berlin–Dresden–Prag–Wien zu sehen.

Traktoren dienten damals in Aspern zum Rangieren der großen Verkehrsflugzeuge.

Vom Stadtbüro aus beförderte man die Passagiere mit eigenen ÖLAG-Bussen zum Flughafen.

Mit der Eröffnung des neuen Abfertigungsgebäudes am 15. April 1929 begann auch die geheime Pilotenausbildung für das Bundesheer im Rahmen der ÖLAG-Fliegerschule in Aspern. Zur Verfügung standen Maschinen der Typen Hopfner HS 8 (links) und Udet U-12 (rechts).

Eine Schulmaschine vom Typ Udet U-12 der ÖLAG Fliegerschule im Flug über Aspern.

Am 29. Mai 1928 traf für die ÖLAG die dreimotorige Junkers G-31 in Aspern ein. Am nächsten Tag wurde sie feierlich auf den Namen „Österreich" getauft. Diese Aufnahme zeigt sie noch mit verglastem Cockpit, das bald darauf in ein offenes umgebaut wurde. In diesem Jahr betrieb die ÖLAG erstmals ihr Streckennetz ganzjährig.

Der Wartungshangar der ÖLAG in Wien-Aspern. In der Mitte sind Überholungsarbeiten an der Junkers G-24/A-100 zu sehen, die neue Motoren und ein verglastes Cockpit erhielt. Links ist das Seitenleitwerk der G-31 abgebildet, im Hintergrund die F-13 A-2, rechts im Vordergrund eine Tragfläche dieses älteren ÖLAG-Flugzeuges.

Ein Blick in die mechanischen Werkstätten der ÖLAG/Junkerswerft.

Die 10-Jahr-Feier der ÖLAG in Aspern mit einer Paradeaufstellung und Festreden am 9. April 1933. In der Mitte war die G-31 A-46 platziert, beiderseits davon die beiden G-24 A-28 und A-100, daran schlossen sich vier F-13 an: A-57, A-48, A-58 und A-34. Links quer gestellt ist die D-1786, eine G-31 der Deutschen Lufthansa, zu erkennen.

Die Flugzeugparade zur 10-Jahr-Feier der Österreichischen Luftverkehrs AG. Film, Presse und eine Polizeikapelle waren aufmarschiert.

Die 10-Jahr-Feier der ÖLAG. Im Mittelpunkt der Flugzeugparade vor den Flughafengebäuden stand die dreimotorige Junkers G-31.

Bundesminister und Landeshauptmann Dr. Rintelen flog nach Berlin. Die Gruppe der Passagiere stellte sich vor dem dreimotorigen ÖLAG Junkers Flugzeug G-31 A-46 dem Fotografen.

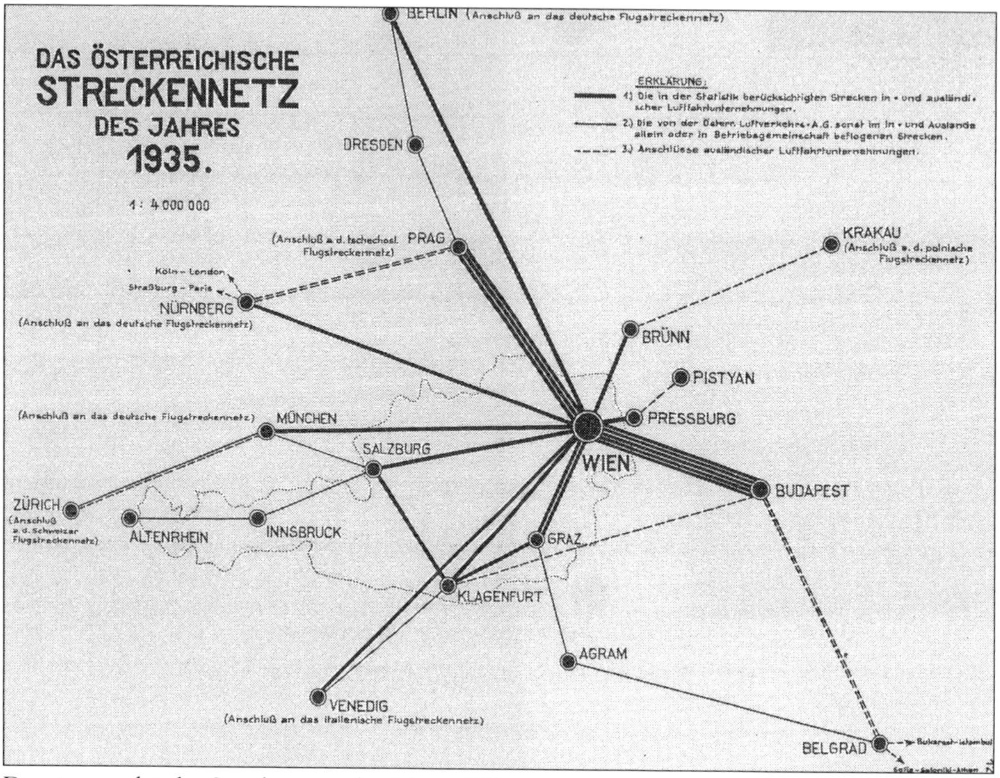

DAS ÖSTERREICHISCHE
STRECKENNETZ
DES JAHRES
1935.

1 : 4 000 000

Das österreichische Streckennetz des Jahres 1935.

Dieses elegante zweimotorige Verkehrsflugzeug vom Typ Douglas DC-2 wurde am 1. November 1934 von Amsterdam nach Wien geflogen. Es wurde als Regierungsflugzeug offiziell nur zweimal eingesetzt, bis es am 12. März 1936 an die Swissair verkauft wurde.

Bundeskanzler Dr. Kurt Schuschnigg und Minister Dr. Perntner mit seiner Familie unternahmen mit dem Regierungsflugzeug der ÖLAG, einer Douglas DC-2, einen Rundflug.

STRECKE 32 (7. 10. 1935 — 4. 4. 1936)

Austroflug – Lufthansa – Avio slava

Täglich außer Sonntag
Daily except Sunday

9.00	ab	Wien	an		15.50
10.20	an	Prag	ab		14.30
10.35	ab		an		14.15
11.15	an	Dresden	ab		13.35
11.30	ab		an		13.20
12.20		an	Berlin	ab	12.30

FLUGPREISE:
FARES

einfach: Hin und zurück:
single: return:

Wien—Prag . . . . S 80.—   S 144.—
„ —Prag Lokal-Tarif * . . . . . „ 126.— *
„ —Dresden . . . . . . „ 120.—   „ 216.—
„ —Berlin . . . . „ 165.—   „ 297.—

*) Nur 15 Tage gültig   *) Local fare, only 15 days valid

Anschlüsse in **Berlin** von und nach: Bremen 14, Breslau 15, Danzig 4, Flensburg 14, Gleiwitz 15, Halle-Leipzig 10, Hamburg 14, Kiel 14, 123, Königsberg 4, Kopenhagen 5, Malmö 5, Posen 13, Stettin 4, Warschau 13,

nach: Antwerpen 18, Brüssel 18, Düsseldorf 18, Essen 18.

Zubringerwagen:
CAR SERVICE:

Wien: Luftreisebüro der Oesterreichischen Luftverkehrs A. G., Telefon R 28-1-21, (16 km) I. Kärntnerring 5, (Hotel Bristol) **8.25**

Prag: Luftreisebüro der Avioslava, Telefon 29-5-44, (12 km) II. Vodickova 38, Richtung Wien **13.40**, Richtung Berlin **9.45**

Dresden: (12 km) Reisebüro Hauptbahnhof, Richtung Berlin **10.55**, Richtung Wien **13.00**

Berlin: (5 km ab Linden-Friedrichstraße). Kein Zubringerdienst. Untergrundbahn und anschließend Straßenbahn Linie 35 (25 Minuten). Die Gäste werden gebeten, sich 15 Min. vor Start am Flugplatz einzufinden.

No car service. Underground and tram line 35 runs from Linden-Friedrichstraße to Tempelhof (25. Min.). Passengers have to be. 15 Min. before departing time in Tempelhof.

Der Flugplan der Strecke Wien–Prag–Dresden–Berlin des Jahres 1935 aus der Winter-Ausgabe des „Internationalen Luftkursbuches" für Österreich.

Die OE-LAK war die erste Junkers Ju 52/3m der ÖLAG. Sie stand ab 29. März 1935 im Dienst. Im Hintergrund ist eine Maschine der Deutschen Lufthansa desselben Typs zu sehen.

Im Frühjahr 1935 erhielt die ÖLAG ihre ersten beiden dreimotorigen Junkers Ju 52/3m Verkehrsflugzeuge. Auf diesem Foto ist die OE-LAM festgehalten, die dritte Ju 52/3m, die ab Februar 1936 im Dienst stand.

Im Winterbetrieb wurden die Motoren bei starken Minustemperaturen eingepackt und vorgewärmt – hier eine Junkers Ju 52/3m der ÖLAG.

Die Luftfracht-Sammelstelle der ÖLAG in der Stadt.

Die Luftfrachtabgabe in Aspern.

Neben normalen Paketen beförderte die ÖLAG auch lebende Fracht.

Die Junkers Ju 52/3m transportierten neben den Fluggästen auch Luftfracht.

Bei der ÖLAG konnte 1937 der erste „Luftmillionär" gefeiert werden. Der Maschinistfunker Franz Eber hatte als erster Österreicher die Gesamtflugstrecke von einer Million Kilometer zurückgelegt. Der Präsident der ÖLAG, Hofrat Ing. Deutelmoser, erwartete den Jubilar am Flughafen und überreichte ihm einen Lorbeerkranz mit der Inschrift „Dem ersten Kilometermillionär Österreichs".

Die traurigen Reste der einstmals stolzen Flotte der ÖLAG. Nach dem „Anschluss" 1938 wurden die älteren Modelle gleich hinter den Hangars abgestellt – zwei Junkers F-13 und im Hintergrund die G-31 „Österreich".

Diese Junkers Ju 52/3m OE-LAS kam als letzte Maschine zur ÖLAG und stand ab 28. März 1938 im Dienst. Bei der Deutschen Lufthansa erhielt sie die neue Kennung D-AMFR und den Namen „Ludwig Hautzmayer". Teilweise war sie auch bei der Luftwaffe eingesetzt.

6

Die Flughafeneinrichtungen

Nach dem Ersten Weltkrieg standen im Süden am Eingang des Flugplatzes zwei große eiserne Hallen, eine gehörte der Flugplatzinspektion, die andere war von der Cidna gemietet. Am Ostrand standen noch vier Hallen aus Kriegstagen, in denen die ÖLAG angesiedelt war, im Süden die Flugwetterwarte, die Flughafenleitung und die Flugplatzinspektion. Daran schlossen sich die Hangars von Olbrich und Hopfner an. Neu entstand ein Abfertigungsgebäude mit einem großen Schaltersaal und einem „Mitropa"-Flughafenrestaurant. In der Mitte des Rollfeldes befand sich ein unterirdischer, ständig in Betrieb gehaltener Rauchofen, der die Windrichtung anzeigte. 1926 erhielt Aspern die erste Funkanlage und in die dreimotorigen ÖLAG-Verkehrsflugzeuge wurden Sende- und Empfangsstationen eingebaut. Am Rand des Rollfeldes montierte man im Abstand von rund 100 Metern rot leuchtende Neonröhren und auf den Dächern der Gebäude rote Blinklichter. Erst ab 1928 gab es ganzjährigen Flugbetrieb. 1930 erhielt Aspern eine Peilfunkstelle zur rascheren Nachrichtenübermittlung und 1934 eine UKW-Funkanlage. Ein großer Windrichtungsanzeiger und eine Lorenzfunkbake kamen hinzu.

Die Flugplatzgebäude nach dem Ersten Weltkrieg in den ersten Jahren des Betriebsbeginns um 1924. Am Rollfeld stehen drei Junkers F-13, Passagierflugzeuge für vier Fluggäste und zwei Piloten.

Die alte Flugplatzleitung in Aspern stammte noch aus der Zeit vor dem Ersten Weltkrieg.

Blick nach Osten. Die alte Flugplatzleitung wurde niedergerissen und durch einen Tower ersetzt, für die Passagiere modernisierte man die Abfertigungshalle und baute ein Flughafenrestaurant. Rechts ist die erste betonierte kleine Abfertigungsplatte zu sehen. Die neuen Gebäude konnten am 15. April 1929 eröffnet werden.

Der Speisesaal des „Mitropa"-Flughafenrestaurants.

Das Dienstzimmer der Flughafenleitung.

In der Mitte des Rollfeldes befand sich ein Rauchfeuer zur Windrichtungsanzeige. Rund herum war der sogenannte Kennungskreis angelegt.

Das Rauchfeuer in der Mitte des Flugplatzes wurde um einen Windrichtungsanzeiger in Form eines kleinen Flugzeuges mit rotem Neonlicht ergänzt. So konnte auch in der Nacht die Windrichtung vom Flugzeug aus festgestellt werden.

Zur Beleuchtung des Rollfeldes hatte man in Aspern drei Benzin-Landescheinwerfer zur Verfügung.

Die Lande- und Ansteuerungsscheinwerfer in Aktion, im Hintergrund sind die Neon-Hindernislichter erkennbar.

Eine eigene Benzinzapfstelle der Vacuum Oil Co. wurde installiert.

Ein mobiler Handtankwagen zum Betanken der Flugzeuge am Flugfeld. Das Foto wurde nach 1936 aufgenommen.

Die Flugplatzleitung erhielt einen neuen Tower mit Balkon und Sicherheitsbeleuchtungen.

Zur Rollfeldmarkierung bei Nacht leuchteten rote Neon-Umrandungsfeuer – hier eine Eck-leuchte. Für Nachtlandungen waren in zwei Flugfeldecken diese 10-kW-Landebahnscheinwerfer montiert. Ergänzt wurden sie durch einen 20-kW-Strahler.

Die Peilfunkstelle wurde im Jahre 1930 in Betrieb genommen. Dadurch konnte, in Zusammen-arbeit mit anderen Stellen, der Standort des Flugzeuges ermittelt werden.

Das Innere der Peilstation mit Empfänger sowie drehbarer Peilantenne.

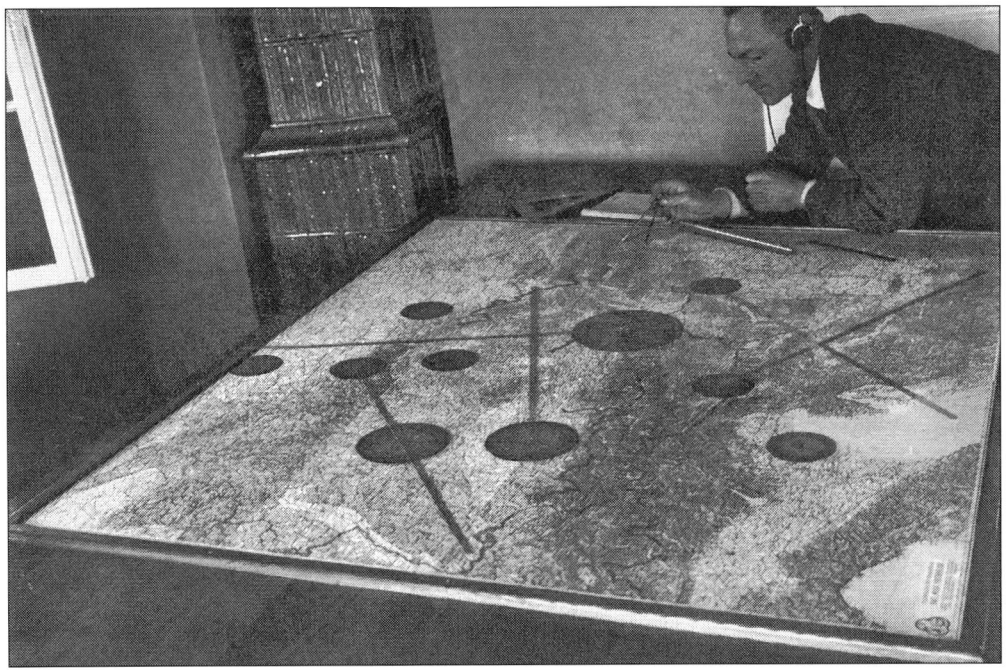

Mit Hilfe der Peilkarte wurden die Peilungen abgesteckt und so die Standorte der Flugzeuge ermittelt.

Der Flugplatz Aspern um 1930. Vor dem Empfangsgebäude wurde zum Rollfeld hin eine Beton-platte errichtet, da bei Schlechtwetter die Passagiere im Morast versanken.

Neben dem Flugfunkdienst und dem Peildienst gab es in Österreich noch drei Flugwetterwarten und zahlreiche Flugwetterbeobachtungsstellen. Mit zum Wetterdienst gehörte auch die genaue Höhenwindmessung mit Pilotballons, die durch Theodoliten vermessen wurden.

Die Ankunftsseite des Flughafenempfangsgebäudes. Die Busse fuhren bis zum Eingang. Über der Empfangshalle befand sich eine Aussichtsterrasse mit Gastronomiebetrieb.

Die Abfertigungshalle von innen gesehen.

Das neue Abfertigungsgebäude von der Rollfeldseite her gesehen. Die Aufnahme zeigt noch den alten Startturm.

DER FLUGHAFEN WIEN
UND SEINE EINRICHTUNGEN.

A. ALLGEMEINES.

GEOGRAPHISCHE LAGE: .... $\begin{cases} 16° \ 30' \ 42" & \text{östl. Länge v. Gr.} \\ 48° \ 13' \ 12" & \text{nördl. Breite} \\ 155 \text{ m} & \text{über dem Meeresspiegel} \end{cases}$

ENTFERNUNG DES FLUGHAFENS ÖSTLICH DER STADTMITTE (Luftlinie): .... 10 km

B. BAULICHE BESCHREIBUNG.

GESAMTAREAL DES FLUGHAFENS:	674 220 m²
GRÖSSTE LÄNGE DESSELBEN:	875 m
GRÖSSTE BREITE DESSELBEN:	800 m
GRÖSSE DES ROLLFELDES:	542 500 m²
GRÖSSTE LÄNGE DESSELBEN (Nord - Süd):	750 m
GRÖSSTE BREITE DESSELBEN (West - Ost):	670 m
DIAGONALE DES ROLLFELDES:	950 m
ANZAHL DER FLUGZEUGHALLEN FÜR VERKEHRSFLUGZEUGE:	6

LÄNGE DERSELBEN: .... 5 mit 30 m .... 1 mit 48 m
BREITE DERSELBEN: .... 2 mit 33 m .... 4 mit 38 m
SPANNUNG DER TORÖFFNUNGEN: .... 28 m
GESAMTEINSTELLRAUM FÜR VERKEHRSFLUGZEUGE: .... 7 524 m²
ANZAHL DER FLUGZEUGHALLEN FÜR SPORTFLUGZEUGE: 4
LÄNGE DERSELBEN: .... 2 mit 15 m .... 1 mit 20 m .... 1 mit 30 m
BREITE DERSELBEN: .... 2 mit 16 m .... 1 mit 20 m .... 1 mit 34 m
SPANNUNG DER TORÖFFNUNGEN: .. 2 mit 15·5 m .... 1 mit 12 m .... 1 mit 20 m
GESAMTEINSTELLRAUM FÜR SPORTFLUGZEUGE: .... 1 640 m²
ANZAHL DER PRIVAT - FLUGZEUGHALLEN: 4
LÄNGE DERSELBEN: .... 2 mit 8 m .... 2 mit 10 m
BREITE DERSELBEN: .... 2 mit 7·5 m .... 2 mit 14 m
SPANNUNG DER TORÖFFNUNGEN: .. 2 mit 4 m (Klappflügel) .... 2 mit 10 m
GESAMTEINSTELLRAUM FÜR PRIVATFLUGZEUGE: .... 400 m²
ABFERTIGUNGSGEBÄUDE: .... Am Südrande des Rollfeldes; enthält Flugscheinschalter, Warteräume
.... Paß- und Zollkontrolle, Postamt, Tabakverschleiß, Toiletten.

REPARATURWERKSTÄTTEN:	2
GARAGEN:	—
TANKANLAGEN FÜR FLUGZEUGE:	3
TANKANLAGE FÜR KRAFTFAHRZEUGE:	1
FLUGHAFEN - GASTWIRTSCHAFT:	1
NÄCHTIGUNGSMÖGLICHKEIT FÜR FLUGGÄSTE:	1
WOHNGEBÄUDE FÜR DAS FLUGHAFEN - PERSONAL:	6

C. TECHNISCHE EINRICHTUNG.

BETRIEBSZEIT: .... Ohne besondere Anmeldung von Tagesanbruch bis Dunkelheitsbeginn.
KENNUNG DES FLUGHAFENS: .. a) Bei Tag weißer Kreis im Mittelpunkt des Rollfeldes, weiße Rollfelbe-
.... schriftung „WIEN" am Rande der Abfertigungsplätte.
.... b) Bei Dunkelheit, jedoch nur über Anmeldung, rotes Blinklicht in
.... gleichen Zeitabständen.
FLUGWETTERWARTE: .... Beratung während der normalen Verkehrszeiten immer möglich.
FLUGFUNKSTELLE: .... Während der normalen Verkehrszeiten besetzt.
PEILSTELLE: .... Während der normalen Verkehrszeiten besetzt.
ABFERTIGUNG DER FLUGZEUGE: .. Auf der Abfertigungsplatte vor dem Abfertigungsgebäude.
PASSKONTROLLE: .... Im Abfertigungsgebäude, jederzeit möglich.
ZOLLKONTROLLE: .... Im Abfertigungsgebäude, während der normalen Verkehrszeiten
.... besetzt. Reisendenabfertigung jederzeit möglich.
POST- UND TELEGRAPHENAMT: .... Während der normalen Verkehrszeiten geöffnet; Fernsprecher.
EINRICHTUNGEN FÜR ABFLÜGE UND LANDUNGEN BEI DUNKELHEIT: Rollfeldumrandungslichter, Hindernislic
.... auf den höchsten Objekten am West-, Süd- und Ostrand des Rollfeldes,
.... Landeweiser, Landebahnscheinwerfer. Vorherige Anmeldung notwendig.
ZUBRINGERDIENST: .... Wird für die Verkehrsflugzeuge von den Luftfahrtunternehmungen bes
SONSTIGE BEFÖRDERUNGSMITTEL: . Lohnkraftwagen auf Bestellung oder Fernruf, elektrische Straßen-
.... bahn mit Haltestelle vor dem Flughafen.
RAUCHWAREN- UND ZEITUNGSVERSCHLEISS: .... Im Abfertigungsgebäude tagsüber geöffnet.

Ein Plan des Flughafens Aspern mit Beschreibung seiner Einrichtungen aus der Zeit um 1935.

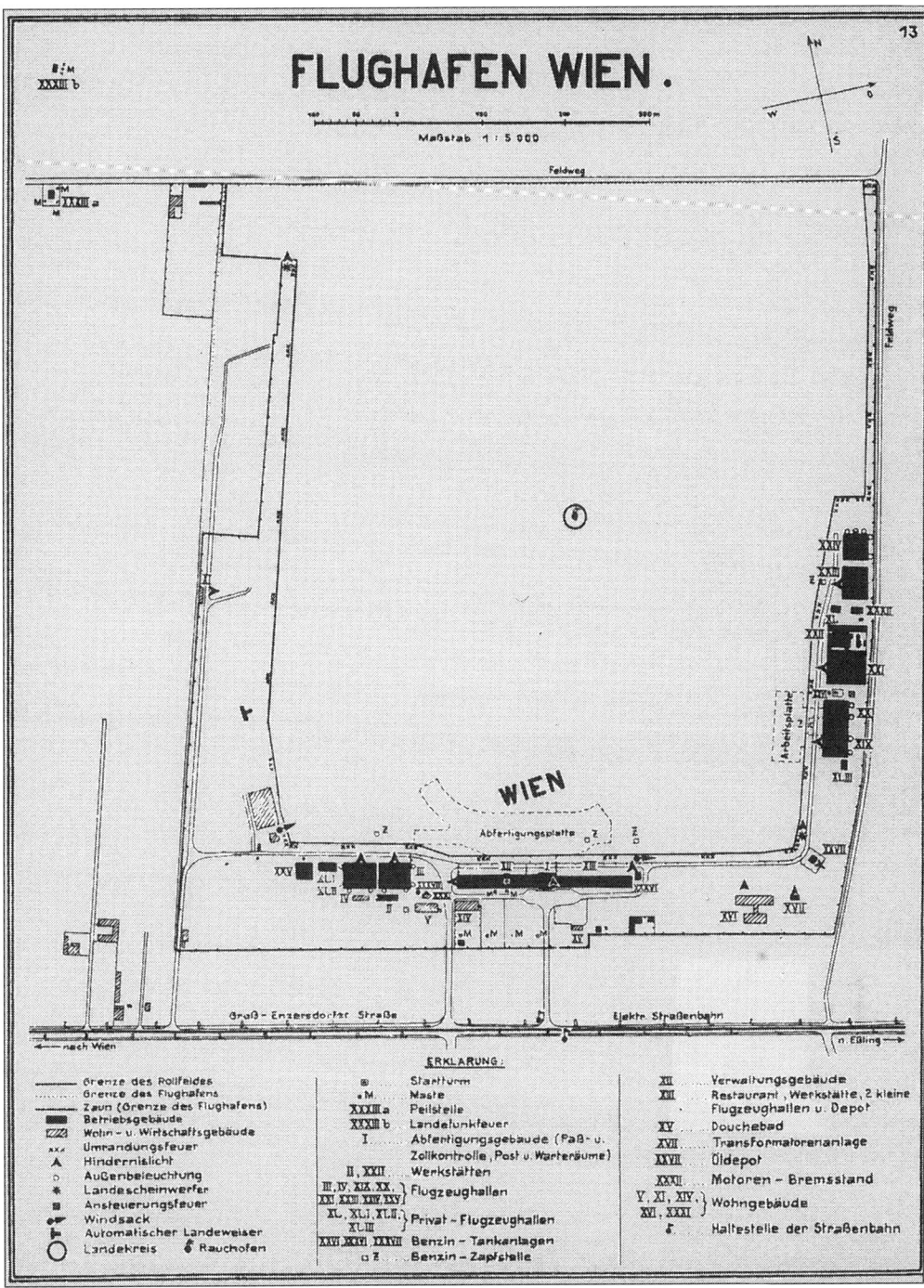

FLUGHAFEN WIEN.

Maßstab 1 : 5 000

ERKLÄRUNG:

——— Grenze des Rollfeldes
········· Grenze des Flughafens
——— Zaun (Grenze des Flughafens)
◼ Betriebsgebäude
▨ Wohn - u. Wirtschaftsgebäude
ᵡᵡᵡ Umrandungsfeuer
▲ Hindernislicht
○ Außenbeleuchtung
✳ Landescheinwerfer
◼ Ansteuerungsfeuer
🚩 Windsack
Automatischer Landeweiser
◯ Landekreis   🔥 Rauchofen

▦ .... Startturm
. M. .... Maste
XXXIII a .... Peilstelle
XXXIII b .... Landefunkfeuer
I .... Abfertigungsgebäude (Paß- u.
      Zollkontrolle, Post u. Warteräume)
II, XXII .... Werkstätten
III, IV, XIX, XX, }
XXI, XXIII, XIV, XXV } Flugzeughallen
XL, XLI, XLII, } Privat - Flugzeughallen
XLIII }
XXVI, XXVII, XXXVIII Benzin - Tankanlagen
□ Z .... Benzin - Zapfstelle

XII .... Verwaltungsgebäude
XIII .... Restaurant , Werkstätte, 2 kleine
      Flugzeughallen u. Depot
XV .... Douchebad
XVII .... Transformatorenanlage
XXVII .... Öldepot
XXXII .... Motoren - Bremsstand
V, XI, XIV, } Wohngebäude
XVI, XXXI }
ʃ .... Haltestelle der Straßenbahn

Der Schankraum der „Mitropa"-Flughafenrestauration.

Im Jahre 1934 ging die UKW-Funkbake in Betrieb. Die drei über 70 Meter hohen Antennen-masten gehörten zum Betrieb und zur Sicherung des Luftverkehrs. Insgesamt gab es neun Lang-wellensender mit Sendeanlagen mit einer Leistungsfähigkeit von drei KW, vier Kurzwellensender und 30 Funkempfänger.

Der Empfangsraum der Flugfunkstelle Aspern.

Der Senderaum der Flugfunkstelle Aspern.

Die neu errichtete Eingangshalle zum Flughafen war das Zentrum der Gebäudeflucht.

Eine Ansicht des Abfertigungsturms vom Rollfeld her gesehen.

7

Firmen und Private am Flughafen

Ab 1924 siedelten sich in Aspern einige private Flugzeugbauer und Rundflugunternehmen an, z.B. Ing. Theodor Hopfner. In einer eigenen Werkstätte baute er als einer der wenigen Flugzeugbauer in Österreich mehrere unterschiedliche Typen. Das erste Flugzeug, die S.1 mit zwei Plätzen, bildete den Grundstock seines Rundflugunternehmens. 1924 baute er die HV.2, ein Kabinenschulterdecker für vier bis fünf Fluggäste. Die nachfolgenden HV.3 und HV.4 wurden verbessert. Mit ihnen konnte er bis Ende 1927 rund 3.000 Personen befördern. Mit dem Schul- und Sportflugzeug HS.5 gelang ihm sogar der Export ins Ausland. Das Sportflugzeug HS.8 ging in mehreren Exemplaren an die österreichische Fliegerschule der ÖLAG und an den Österreichischen Aero-Club. Danach folgten einige zweimotorige Bauten, die Dipl.-Ing. Arpad Lampich entworfen und berechnet hatte. Auch Ing. Franz Magdlener und Franz Schuh bauten hier Flugzeuge, Max Olbricht hatte eine kleine Werft. Alle neu gebauten Maschinen wurden auf dem Flugplatz nach bestimmten Richtlinien von der Behörde getestet und für den Luftverkehr zugelassen oder abgelehnt.

Ing. Theodor Hopfner gründete in Aspern ein Rundflugunternehmen und eine Flugzeugbaufirma, für die er am 31. Juli 1924 die Betriebsgenehmigung erhielt. In einer eigenen Werkstätte baute er einige Flugzeuge. Das Foto zeigt das erste Flugzeug, die Sport- und Schulmaschine Hopfner HS.1.

Für das Rundflugunternehmen Hopfner entstand die HV.428 1928, die 1935 zur HV.829GR umgebaut wurde. Mit diesem Flugzeug konnten bis zu fünf Fluggäste befördert werden.

Die abgebildete Hopfner HS.8 war eine Schulmaschine des Österreichischen Aero-Clubs.

74

Das Hopfner-Amphibium HA.11/33 am Flughafen. Die zweimotorige Konstruktion entwarf Dipl.-Ing. Arpad Lampich.

Franz Magdlener, Flugzeugbauer.

Franz Magdlener baute im Jahre 1924 einen Hochdecker, mit dem er in Aspern zahlreiche Schul- und Rundflüge absolvierte. Die Aufnahme zeigt den Flugzeugbauer vor seinem Rohbau der A-13.

Die Avis Flugzeug- und Autowerke GmbH baute in Brunn am Gebirge einmotorige und dreimotorige Flugzeuge. Mit den Schulflugzeugen der Type BS-I/-II konnten in Aspern zahlreiche Piloten ausgebildet werden.

Das „sturzsichere Flugzeug" des Bahninspektors Franz Schuh.

Bahninspektor Franz Schuh baute hier ein „sturzsicheres Flugzeug".

Bogut von Burian hatte bereits vor dem Weltkrieg eigene Flugzeuge gebaut, war Militärpilot und fertigte nach dem Krieg 1926 dieses kleine Sportflugzeug BB7 A-37.

Das dreisitzige Kabinensportflugzeug K.E.14 von Hans Ramor aus St. Peter bei Graz traf 1932 in Aspern zur Musterzulassung ein. Hier wurden die neuen Maschinen auf ihre Lufttüchtigkeit hin geprüft.

Aus dem Jahre 1933 stammte diese Meindl-van-Nes-A-VII-Konstruktion. Sie entstand in Linz a.d. Donau und war hier zu Besuch in Aspern.

Ing. Raoul Hafner und Dkfm. Bruno Nagler experimentierten 1930/32 mit ihrer Hubschrauberentwicklung Revoplan 1 in Aspern. Es war dies der erste Hubschrauber mit zyklischer Blattverstellung und Taumelscheibe.

8

Flugtage und Flugveranstaltungen

Nach dem Krieg fanden sich einige ehemalige k.u.k. Piloten, die in Aspern Fliegerschulen und Rundflug-unternehmen gründeten und Flugtage mit spektakulären Fallschirmabsprüngen organisierten. Unter ihnen waren Feldpilot Hans Sigl, der später auch eine Fahrschule führte, und Feldpilot Franz Zuzmann, der in Kottingbrunn einen eigenen Flugplatz aufbaute, aus dem Bad Vöslau hervorging. Zahlreiche Flugzeuge dieser Piloten wurden von der interalliierten Kommission beschlagnahmt und vernichtet, da sie ehemalige Kriegsmaschinen waren. Zur Förderung des Motorsportes und als Anregung zum Bau neuer Flugzeugkonstruktionen hielt man Konkurrenzen ab. Das größte sportliche Ereignis war der seit 1929 durchgeführte internationale Europarundflug, der immer vom Land des Vorjahressiegers ausgetragen und organisiert wurde. Leider waren aus Geldmangel oder wegen technischer Schwierig-keiten nie österreichische Maschinen an den Start gekommen. Aspern wurde als Zwischenstation mit Sonderprüfungen einbezogen. Das erste Geschwader eines Europarundfluges traf am 12. August 1929 in Aspern ein. Von österreichischer Seite organisierte der Österreichische Aero-Club unter seinem Präsidenten Ulrich Kinsky ab 1932 Rundflüge innerhalb Österreichs.

Am 7. und 8. September 1925 kam der Kunstflieger Ernst Udet zu einem Schaufliegen nach Wien und zeigte seine Flugmanöver.

Plakat zur Flugveranstaltung am 26. September 1920. Der Wiener Flugbetrieb Franz Leo Siegel organisierte diese Veranstaltung in Aspern.

Ein Teil der Flugzeuge des Internationalen Europa-Rundflugs 1929.

Diese Klemm L 25c VII flog beim Europa-Rundflug 1929 mit dem Kennzeichen D-2504.

Der italienische Pilot Guazzetti flog diese Romeo R5 I-FOFO während des Europa-Rundfluges 1929.

Startplatz der Rundflugteilnehmer zum Internationalen Europa-Rundflug 1930, der vom 25. bis 29. Juli veranstaltet wurde.

Teilnehmer am Europa-Rundflug 1930 – das Flugzeug, eine Arado Ar L IIa, wird gerade aufgetankt.

Ein Teilnehmer aus Polen flog beim Internationalen Europa-Rundflug 1930 diese R.W.D. 4

Dieser Teilnehmer des Europa-Rundfluges 1930 kam aus der Schweiz.

Anton Habsburg-Lothringen gewann während des Europa-Rundfluges 1930 den Preis der österreichischen Fremdenverkehrskommission.

Während des Deutschlandfluges, der auch über Aspern führte, kam am 16. August 1931 die bekannte deutsche Sportfliegerin Liesel Bach zu Besuch. Sie flog eine Klemm L 25 Va.

Startvorbereitungen zum Österreich-Rundflug. Er wurde vom 14. bis 16. Mai 1932 abgehalten. Das Foto zeigt die A-130, die Hopfner HS.8 des Österreichischen Aero-Clubs.

Am Ziel in Aspern erwarteten am 16. Mai 1932 die Österreich-Rundflug-Teilnehmer die Königin Mutter von Rumänien, Prinzessin Ileana von Rumänien, Erzherzog Carlos und Fürst und Fürstin Kinsky.

In den Internationalen Rundflug 1932 mit Start und Ziel in Berlin war Aspern mit einbezogen. Das Versuchsflugzeug war eine D 22 der Akaflieg Darmstadt, W. Marienfeld war der Pilot.

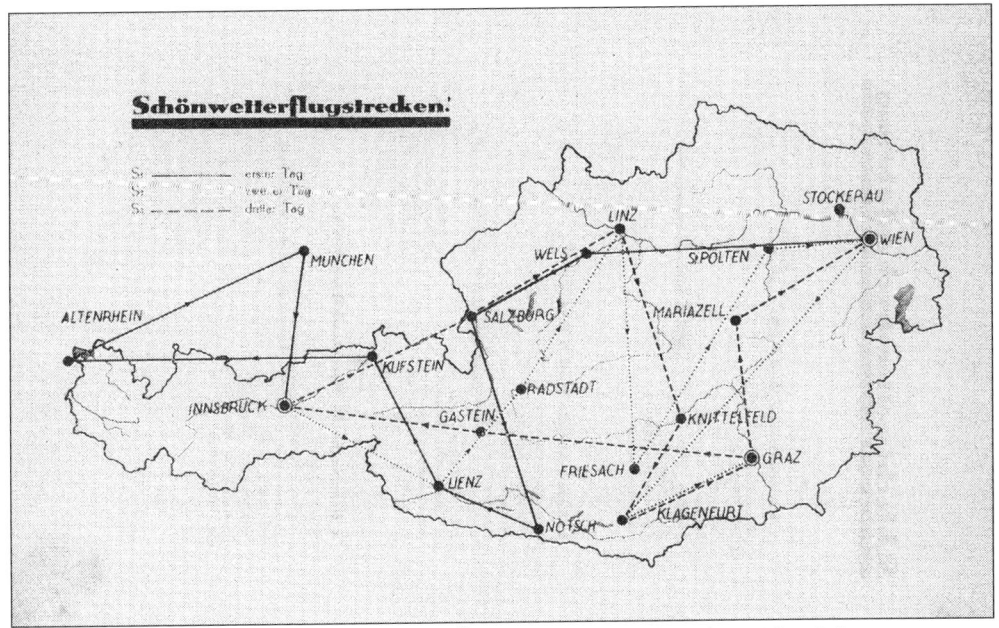

Streckenkarte des ersten „Internationalen Österreichischen Alpenfluges" bei Schönwetter, veranstaltet vom 9. bis 21. Mai 1933. Ausgangs- und Zielpunkt war Aspern. Am 21. Mai wurde ein Großflugtag abgehalten, mit Schulflugzeugen des noch geheimen Bundesheeres.

Rundflugteilnehmer des Jahres 1934 – Pilot Willi Polte flog die Fieseler Fi 97 D-IDAH.

Die Teilnehmer des Pfingstfluges 1936, der vom 28. Mai bis 4. Juni abgehalten wurde. In der vordersten Reihe stehen die Teilnehmer aus Italien.

Titelbild des Programmheftes für den Pfingstflug 1936, der vom 28. Mai bis zum 3. Juni ausgetragen wurde. Die Flieger trafen in Klagenfurt ein, flogen nach Graz, dann nach Siófok am Plattensee, von dort nach Hortobágy, Budapest, Wien, Salzburg/Innsbruck, Altenrhein und Lausanne.

9

Besondere Ereignisse am Flughafen

Von 1930 bis 1932 fanden in Aspern Experimente mit neuen Hubschrauberkonstruktionen statt. Ing. Raoul Hafner und Dkfm. Bruno Nagler bauten den Revoplan 1, danach den Revoplan 2. Dabei verwendeten sie große Leitflächen zur Drehmomentenstabilisierung. Gänzlich neu an der Rotorkopfkonstruktion war die patentierte zyklische Blattverstellung. Mehr Erfolg hatte Hafner in Großbritannien, wo er 1944 die Hubschrauberabteilung von Bristol gründete und deren Leiter wurde. Ein Großereignis für die Wiener war am 12. Juli 1931 die Landung des Luftschiffes LZ 127 „Graf Zeppelin". Dr. Hugo Eckener dankte damit den Österreichern für die Luftschiff-Spenden, die als Zeppelin-Eckener-Spende bekannt waren. Auch der Österreichische Aero-Club hatte sich an der Sammelaktion beteiligt. Zahlreiche bekannte Fliegerinnen und Flieger machten in Aspern Station, auch zahlreiche neue Flugzeuge aus dem zivilen und militärischen Bereich wurden vorgestellt und vorgeführt.

Aspern: Von der Ukraine gelandetes deutsches R-Flugzeug, beschlagnahmt

Von der Ukraine kommend landete im Juli 1918 das deutsche Staaken Riesenflugzeug R69 und wurde nach der Landung von der interalliierten Kommission sofort beschlagnahmt. Ein Sturm drehte das Flugzeug wenige Tage später auf den Rücken und zerstörte es.

Nach dem Weltkrieg landete 1922 als eine der ersten ausländischen Flugzeuge diese Verkehrsmaschine der Franco Roumaine, eine französische dreimotorige Laudron.

Im Jahre 1924 machten sich drei Douglas World Cruisers auf, um die Welt zu umrunden. Sie starteten am 6. April von Santa Monica/Kalifornien in Richtung Westen und landeten am 28. September wieder in Santa Monica. Wien war eine ihrer zahlreichen Zwischenstationen.

Leider passierten auf dem Flughafen immer wieder leichtere und schwerere Unfälle. So am 26. Juli 1926, als bei der Landung die Distanzrekordmaschine Breguet XIX des Cpt. Lt. Barré verunglückte.

Der Amerikaner Clarence Chamberlin, rechts zu sehen, überquerte mit seinem Begleiter Levine am 6. Juni 1927 den Nordatlantik und landete nach 43-stündigem Flug in Berlin-Cottbus. Am 19. Juni 1927 besuchten sie auch Aspern.

Der Bellanca-Schulterdecker des Ozeanbezwingers Chamberlin in Aspern.

Der Empfang der deutschen Ozeanbezwinger von Osten nach Westen mit Hauptmann Hermann Köhl und Freiherr Günther von Hünefeld und dem Flugzeug „Europa" 1928 auf dem Flugfeld Aspern durch den Österreichischen Aero-Club war gut besucht. Am 14. April 1928 waren sie in New York empfangen worden.

Der Indianerhäuptling „Big Cheef" unternahm 1929 mit der ÖLAG einen Rundflug.

Am 6. Juni 1930 kamen die amerikanischen Curtiss-Flugzeugwerke und veranstalteten mit verschiedenen Modellen Vorführungsflüge. Mit dabei waren von links ein Sport- und Reiseflugzeug vom Typ Robin, ein Schulflugzeug Typ Fledgling, ein Jagdflugzeug der Type Hawk und ein Aufklärer der Type Falcon.

Das Großflugzeug Junkers G 38 kam während einer europaweiten Vorstellung am 4. Oktober 1930 nach Aspern und wurde hier präsentiert. Auch in den dicken Tragflächen saßen die Passagiere.

Das Junkers Großflugzeug G 38 in Aspern.

Die Flugzeugbaufirmen stellten immer wieder ihre neuesten Produkte auf dem Flughafen vor – im Jahre 1930 dieses Junkers A-50 Junior Sportflugzeug.

Die Ford-Trimotor aus den USA war wie die Junkers-Flugzeuge mit Wellblech beplankt. Auf einer Durchreise kam sie in Aspern vorbei.

Das Zeppelin Luftschiff LZ127 „Graf Zeppelin" kam am 12. Juli 1931 zu einem Besuch nach
Aspern und landete hier. Blick aus dem Luftschiff auf den Flughafen.

Die LZ 127 nach der Landung in Wien-Aspern.

In der Schulabteilung wurden auch chinesische Polizeioffiziere ausgebildet. Während ihres Aufenthaltes in Wien besichtigten sie auch den Flughafen Aspern.

97

Am 23. November 1931 gab es im Wiener Raum einen schweren Sturm. Am Flughafen Aspern wurden Hangartore eingedrückt und beschädigten dabei zwei Verkehrsflugzeuge, eines der Deutschen Luft Hansa und eines der Luft-Verkehrs-Gesellschaft.

Marga Wolf von Etzdorf, eine berühmte deutsche Sportfliegerin, traf am 16. Juli 1932 auf ihrer Rückreise von China am Flughafen Aspern ein.

Wien ist der Platz, wo ich
immer den Rekord im
Wenigschlafen aufstelle —
aber so schön!! —

Elly Beinhorn

Wie 25. 10. 32.

Eine weitere bekannte deutsche Sportfliegerin war Elly Beinhorn. Nach ihrem Afrikaflug und vor ihrer ersten Weltumrundung mit der Klemm Kl 26 aV D-2160 kam sie am 25. Oktober 1932 in Wien vorbei.

Diese Messerschmitt M 23b der Bayerischen Flugzeug-Werke flog Elli Beinhorn, als sie Wien besuchte.

Josef Eschner hatte im Sommer 1931 ein Fallschirmmodell fertiggestellt, das sich durch Metallbänder äußerst schnell und aus eigener Kraft öffnete. Den ersten Sprungversuch unternahm Hans Frank am 7. Juli in Aspern aus 700 Metern Höhe. Die erste öffentliche Vorführung wagte Hans Simandl am 23. Juli 1933.

Im Jahre 1934 kamen Militärflieger aus Litauen zu Besuch. Die Delegation wurde am 11. Juli am Flughafen von einer Musikkapelle empfangen.

Ankunft eines Russen-Geschwaders mit viermotorigen Großflugzeugen der Type ANT-6 am 6. August 1934. Vor dem Flugzeug sind Sowjetfunktionäre und die Besatzungen zu sehen.

Die erste Auffahrt des Heißluftballons A-Marek 1 mit 2.200 Kubikmetern war für den 22. Juni 1935 vom Flugplatz Aspern aus geplant. Wegen Schlechtwetters musste der Start um zwei Tage verschoben werden. Die Aufnahme zeigt den Heißluftballon während der Füllung. Er landete in der Nähe der Lobau.

Geführt wurde der Ballon vom Ballonsachverständigen Oberstleutnant Franz Mannsbarth, in der Mitte, Begleiter waren die Konstrukteure Ing. Josef Emmer, im Ballonkorb, und Ing. Bruno Marek. Mit ihrer zweiten Konstruktion errangen sie zwei Höhenweltrekorde für Heißluftballone: 7.819 und 9.374 Meter.

10

Das Österreichische Bundesheer ab 1935

Um für das Bundesheer Piloten auszubilden, sollte die ÖLAG, die gleichfalls Flugzeugführer für ihre vergrößerte Flotte benötigte, unter Geheimhaltung Schulmaschinen beschaffen und in Aspern eine Fliegerschule einrichten. Leiter war bis zur Übersiedlung zu Beginn des Jahres 1929 nach Graz Oskar Schmoczer, Ausbildner Otto Wehofer. Dem Bundesheer waren damals laut Friedensvertrag von St. Germain und den Nachfolgebestimmungen während der kommenden Jahre nur zwölf Piloten gestattet worden, die sich auf eigene Kosten und während ihrer Freizeit ausbilden lassen konnten. Das österreichische Bundesheer etablierte sich nach der Enttarnung im Juli 1935 in Aspern. Neben den Unterkünften in Wiener Neustadt und in Graz wurde ein großer Hangar in der Südwestecke des Flughafens errichtet. Zahlreiche Militärmaschinen wurden hier stationiert und am 19. September 1937 ein Großflugtag abgehalten. Immer wieder kamen auch ausländische Firmen mit ihren neuesten Produkten und führten sie in Aspern Angehörigen des Bundesheeres vor. Nach dem „Anschluss" 1938 wurden zahlreiche Maschinen als Schulflugzeuge weiterverwendet.

Zur Einstellung der Bundesheerflugzeuge errichtete man 1935 einen eigenen Hangar. Vor dem Hangar sind vier Focke-Wulf Fw 44 Schulflugzeuge des Bundesheeres zu sehen.

Paradeaufstellung zum Großflugtag der österreichischen Luftstreitkräfte am 19. September 1937.

Das österreichische Bundesheer erprobte dieses Drehflügelflugzeug des spanischen Konstrukteurs Cierva, das in Großbritannien und Deutschland in Lizenz hergestellt wurde. Leider verbrannte es kurz nach der Anschaffung am 13. Oktober 1937 infolge einer harten Landung.

Aufstellung von Gotha Go 145 und Avro 626 Flugzeugen am 19. September 1937.

Die De Havilland D.H.84A Rapid des Bundesheeres. Diese zweimotorige Maschine konnte sechs Fluggäste befördern, eingesetzt war sie als Sonder- oder Verbindungsflugzeug.

Paradeaufstellung der Schulmaschinen der neuen österreichischen Luftwaffe vor dem im Jahre 1935 vollendeten Hangar in der Südwestecke des Flugfeldes.

Die größten Maschinen des österreichischen Bundesheeres waren drei Junkers Ju 52/3m.

11

„Anschluss" und Kriegszeit –
1938 bis 1945

Während des „Anschlusses" landeten am 12. März 1938 große Verbände der Deutschen Luftwaffe, am 19. März fand der „Tag der Deutschen Luftwaffe" statt. Zur „Anschlussdemonstration" wurde der deutsche Rundflug, genannt Deutschlandflug, auch über Aspern geführt. Während dieser Veranstaltung vom 22. bis 29. Mai 1938 landeten 347 Flugzeuge auf dem Flughafen, mehr als je zuvor. Im Oktober 1938 kam es zur Gründung der Wiener Flughafen Ges.m.b.H. Mit Ende des Jahres ging die ÖLAG in der Deutschen Lufthansa auf, die verwendungsfähigen Flugzeuge erhielten deutsche Kennungen. Der Flughafen blieb während des Krieges für den zivilen Luftverkehr geöffnet, war aber auch Leithorst und Fliegerhorst der Luftwaffe. Im nahen Marchfeld entstanden zahlreiche Stützpunkte und Behelfs-flugplätze. Die Flugzeuge des österreichischen Bundesheeres wurden größtenteils als Schulmaschinen übernommen, der Rest ausgemustert. Noch während des Krieges erhielt Aspern drei Betonpisten, die bis heute zu sehen sind. Am 9. April 1945 geriet Aspern in sowjetische Hand, die Flughafengebäude wurden größtenteils zerstört. Die Sowjets verwendeten Aspern als Militärstützpunkt, der Flugplatz wurde Heimat einer Garde-Bomberdivision.

Aspern blieb Verkehrsflughafen und wurde Leithorst der Luftwaffe. In der Nähe entstanden mehrere Stützpunkte und Behelfsflugplätze. Ein Fiat Cr.20 Schulflugzeug wurde von Österreich übernommen und weiterhin verwendet.

Bomber-Schulflugzeuge des deutschen Typs Focke-Wulf Fw 56 Weihe auf dem Rollfeld.

Teilweise wurden die Flugzeuge des österreichischen Bundesheeres von der deutschen Luftwaffe übernommen, so wie diese Fiat Cr.32bis mit deutschem Hoheitsabzeichen und österreichischer Dienstnummer.

Zur Pilotenausbildung verwendete man unter anderem das Schulflugzeug Focke-Wulf Fw 44 Stieglitz. In Österreich wurden für das Bundesheer 40 Stück bei der Hirtenberger Patronenfabrik, Abteilung Flugzeugbau, in Lizenz gefertigt.

Zum Zeitpunkt dieser Aufnahme befanden sich zahlreiche Junkers Ju 52/3m auf dem Flugplatz.

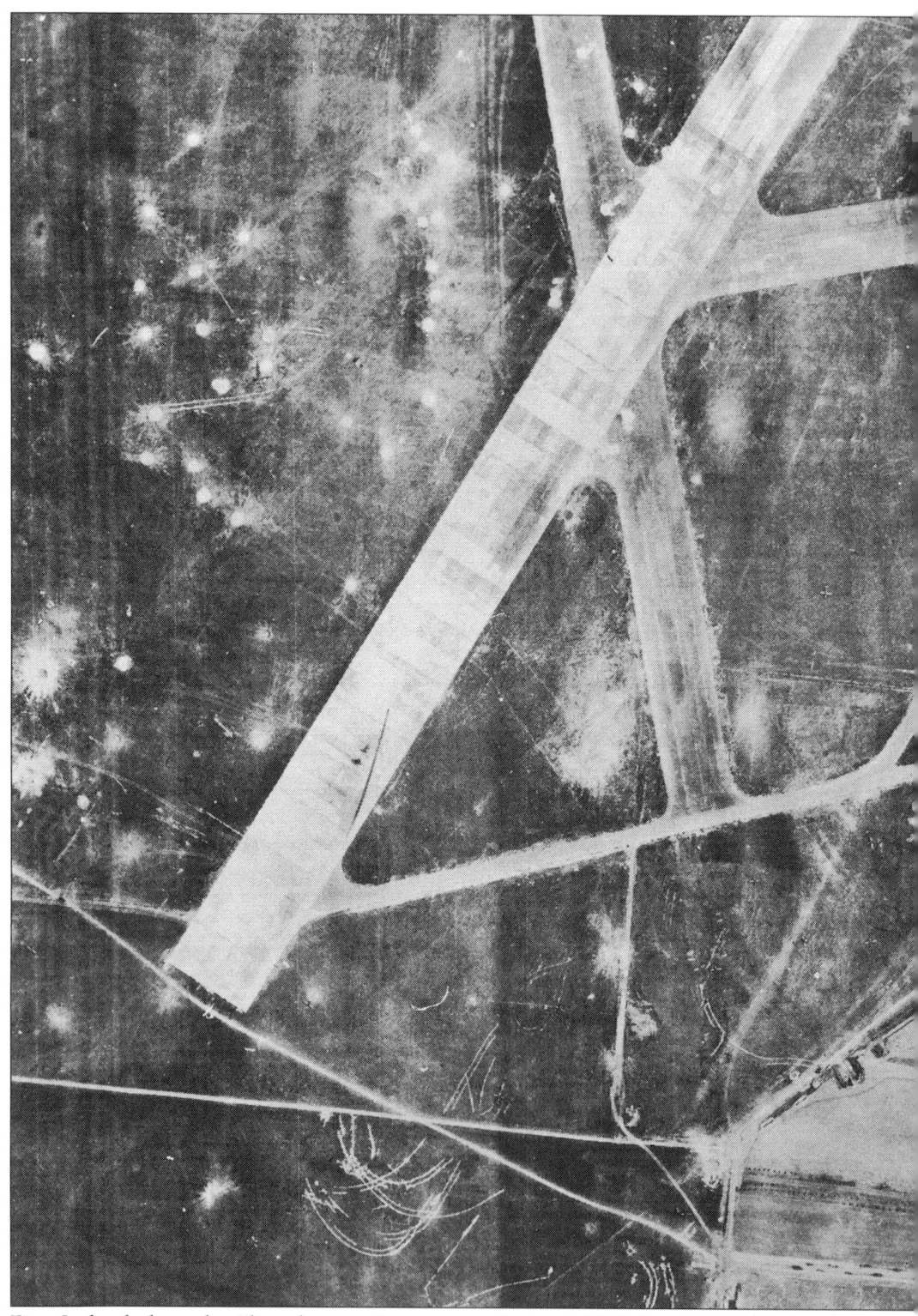

Eine Luftaufnahme des Fliegerhorstes Aspern vom 5. April 1945. Das Flugfeld hatte drei

betonierte Pisten erhalten.

Der Fliegerhorst beherbergte einige Messerschmitt Bf 109 Jagdflugzeuge.

Eine Transportjunkers Ju 52/3m der deutschen Luftwaffe auf der Abfertigungsplatte in Aspern.

12
Der Wiederbeginn – 1955 bis 1977

Nach dem Ende des Krieges durften Österreicher zunächst weder Flugzeuge fliegen, noch einkaufen, noch konstruieren oder bauen. Erst nach langwierigen Verhandlungen mit dem alliierten Kontrollrat gelang es 1948, die Freigabe für den Modellflugsport zu erreichen, am 22. Dezember 1949 auch die für den Segelflug. In Salzburg fand am 30. Juli 1950 die erste Nachkriegsversammlung des Österreichischen Aero-Clubs statt, bei der Feldpilot Major a.D. Ferdinand Cavallar zum Präsidenten gewählt wurde. Am 1. März 1953 wurden Österreich die Flugplätze zur Verwaltung übergeben. Aber erst der Abschluss des Staatsvertrages am 15. Mai 1955 brachte die volle Lufthoheit. Aspern wurde dem Österreichischen Aero-Club als Privatflugplatz und zur Pilotenausbildung übergeben. Der Flughafen selbst wurde am 26. Jänner 1956 kommissioniert. Sofort nahm man die Instandsetzungsarbeiten auf und schuf neben den Verwaltungs- und Abfertigungsräumlichkeiten auch solche für die Wartung von Luftfahrzeugen. Als der Flughafen Wien-Schwechat eine zweite Piste benötigte und man sich auf die Richtung 16/34 geeinigt hatte, wurde der Flugbetrieb mit 31. März 1977 geschlossen, die Betriebsbewilligung mit 18. Dezember 1978 widerrufen.

Am Ende des Krieges gab es nur noch Trümmer und Aspern wurde von den Sowjets besetzt. Das Foto von 1945 zeigt das ehemalige Abfertigungsgebäude des Flughafens.

Ein Pilot der tschechischen Luftwaffe hatte sich in Aspern abgesetzt. Solche MiG-15 hatten auch zuletzt die sowjetischen Luftstreitkräfte auf dem Flugplatz stationiert.

Internationales Kunstflugprogramm

Fallschirmspringen
Ziel-, Gruppen- und Verzögerungssprünge des Österreichischen Weltmeisterschafts-Teams

◆

Staffel-Kunstflug

◆

Vorführung von Spezialtypen
Hubschrauber als „Fliegende Feuerwehr", Sprühflugzeuge usw.

◆

Luftfahrt-Ausstellung

FLUGTAG ASPERN 1956
Pfingstsonntag, 20. Mai

Karten zu S 10.— und S 5.— im Österr. Verkehrsbureau und in allen Reisebüros · Verstärkter Straßenbahnverkehr Linie 25 und 317, Sonderzüge der ÖBB ab Ostbahnhof, Autobusverkehr ab Österreichisches Verkehrsbureau und Reichsbrücke

Eigentümer, Herausgeber und Verleger: Ö.-Ae.-C., verantwortlich: Friedrich Truley, beide Wien III, Seilerstättengasse 1 — Druck: Gistland - Druckerei, Ges. m. b. H. Wien VIII, Piaristengasse 9

Zu Pfingsten 1956 fanden am 20. Mai ein Flugtag und ein Sternflug anlässlich der FAI-Tagung in Wien statt.

Die De Havilland Dragon der österreichischen Rettungsflugwacht führte nach der Wieder-eröffnung des Flugplatzes sogenannte Keuchhustenflüge für Kleinkinder durch. Während des Ungarnaufstandes im Oktober 1956 wurden mit diesem Flugzeug Medikamente und Hilfsgüter nach Ungarn transportiert.

Am 25. Oktober 1958 erfolgte die Eröffnung des Bauloses I mit einer Werft, einer Halle und einem Teil des Flugplatzgebäudes.

Auf dem Flugplatz wurden die Kriegsschäden beseitigt und ein neuer Abfertigungsturm installiert.

Das erste zweimotorige österreichische Nachkriegsflugzeug, die SGP-Meindl M.222, wurde am 9. Juni 1959 in Aspern erstmals der Öffentlichkeit vorgestellt.

Zum Europa-Rundflug des Jahres 1961 ging es hoch her. Neben modernen Flugzeugen kamen auch Oldtimer, so eine Messerschmitt Bf 108 aus der Vorkriegszeit.

Beim Flugtag 1962 wurde noch ein bescheidenes Kunstflugprogramm präsentiert.

Auf dem Gelände des Flugplatzes wurden auch immer wieder Autorennen veranstaltet.

Flugbetrieb auf dem Flugplatz Wien-Aspern – Blick von der Gaststätte zum Parkplatz.

Zum 50. Jubiläum der Flugpostaufnahme fanden am 31. März 1968 zahlreiche Feierlichkeiten statt. Ehrengäste waren von links der ehemalige Postflieger Feldpilot (FP) Alois Pauk, FP Franz Ebner, FP Franz Zuzmann und FP Gottfried Schmidtgruber.

Schüler der Höheren Technischen Bundes-Lehr- und Versuchsanstalt, höhere Abteilung für Flugtechnik, hatten den Rohbau der österreichischen Konstruktion Oberlerchner JOB-15 vollständig aufgerüstet und alle Navigationsinstrumente eingebaut. Am 18. Mai 1968 taufte Prälat Sellinger es in Aspern auf den Namen Igo Etrich.

Der kleine Tragschrauber von Oskar Westermayer aus Poysbrunn/Niederösterreich noch am Boden. Statt der Tragflächen eines Flugzeuges besaß das Luftfahrzeug einen Rotor, der durch den Fahrtwind in Drehung versetzt wurde und so einen Auftrieb lieferte. Für die Vorwärtsbewegung sorgte ein Druckpropeller hinter dem Piloten.

Der KFZ-Mechaniker Oskar Westermayer aus Poysbrunn/Niederösterreich führte am 10. Juli 1970 seinen Einmann-Tragschrauber in Aspern der Öffentlichkeit vor.

Noch einmal landete am 5. September 1974 ein Luftschiff in Aspern: das Goodyear-Luftschiff „Europa".

Luftaufnahme des Flugplatzes Aspern im Jahr der Schließung 1977. Das Gelände wurde weiterhin vom ARBÖ als Übungszentrum benutzt und im Süden entstand das Motoren- und Getriebewerk der General Motors.

Am Flugplatz Aspern befand sich auch eine ausgezeichnete Werft für Klein- und Sportflugzeuge.

122

13

Die Zeit nach der Schließung

Flugzeuglandungen schienen hier für immer vorbei zu sein, doch anlässlich einer Gedenksteinsetzung für den Flughafen Aspern am 10. September 1987 waren die Betonpisten für einige Stunden wieder mit Leben erfüllt. Auf Anregung von Alois Plakowitz vom Österreichischen Luftfahrt-Archiv verwirklichte der Wiener Aero-Club – österreichischer Traditionsverband der österreichischen Luftfahrt, gemeinsam mit dem Österreichischen Aero-Club das Denkmal, das an der ehemaligen Einfahrt zum Flughafen aufgestellt wurde. An jenem Tag landete die Junkers Ju 52/3m der Deutschen Lufthansa, gemeinsam mit anderen Maschinen von Austrian Airlines und aus der Privatfliegerei. Zehn Jahre nach der Schließung des Flugplatzes, im April 1997, konnte die Motorflugunion Klosterneuburg dann abermals einen Flugtag abhalten. Leider spielte das Wetter nicht ganz mit, es war viel zu stürmisch. Auf dem südlichen Teil des Geländes wurde eine Motoren- und Getriebefabrik von General Motors errichtet, weitere Planungen sehen eine Bebauung des gesamten Areals vor.

ZUR ERINNERUNG AN DAS
ASPERNER FLUGFELD
1912 — 1977
EIN ZENTRUM DER
ÖSTERREICHISCHEN FLIEGEREI

DER ÖSTERREICHISCHE AEROCLUB
1987

Für den Flugplatz Aspern wurde auf Initiative des Wiener- und Österreichischen Aero-Clubs am 10. September 1987 ein Gedenkstein gesetzt. Die Festreden hielten Bürgermeister Dr. Helmut Zilk und der ö.-Aero-Club Präsident Dr. Josef Lenz. Gleichzeitig landete nochmals eine Junkers Ju 52/3m der Deutschen Lufthansa auf den alten Startbahnen.

Die Junkers Ju 52/3m D-AQUI „Berlin-Tempelhof" landete zur Feier der Gedenksteinenthüllung am 10. September 1987 auf einer der alten Pisten.

Als Wiederbelebungsversuch des Flugplatzes Aspern organisierte die Motorflugunion Kloster-neuburg nach 20 Jahren Schließung im April 1997 einen Flugtag. Dafür wurde eine Wieder-benützung der Piste 18/36 erwirkt. Die Firma HOAC aus Wiener Neustadt präsentierte damals ihre neueste DA22 Speed Katana.

Am 1. April 1998 wurde zum Denkmal in Aspern eingeladen. Die österreichisch-ukrainische Gesellschaft und die Botschaft der Ukraine gedachten der offiziellen Dienstaufnahme der Ersten Internationalen regelmäßigen Postfluglinie Wien–Krakau–Lemberg–Kiew vor 80 Jahren.

Die Gedenkfeier zu 75-Jahre Linienflug Warschau–Wien am 26. April 2000. Zu sehen sind von links Bruno Naglich, Präsident des Wiener Aero-Club-Traditionsverband, Reg.Rat Alois Roppert, Präsident des Ö.Ae.-C., Pawel Gontarczyk, LOT Direktor Österreich und Gianni De Carlo, Swissair/Sabena Marketing Manager.

Der Flughafen Aspern im Zeitraffer

25.01.1912	Gründung der Wiener Flugfeld Ges.m.b.H. in der Kanzlei des Advokaten Dr. von Foregger, Eintragung ins Handelsregister am 27. Februar 1912.
09./10.06.1912	Fernflugkonkurrenz Berlin–Wien.
23.–30.06.1912	Erste Internationale Flugwoche in Aspern, drei Höhenweltrekorde. Frankreich hält 45 Weltrekorde, Österreich 18, Italien 11.
09.06.1913	Das Zeppelin-Luftschiff „Sachsen" landet in Aspern.
15.–22.06.1913	Zweites Internationales Flugmeeting in Aspern.
19.06.1913	Rundflug durch Niederösterreich, Start ist in Aspern.
19.–26.04.1914	„Schicht-Flug" durch Österreich-Ungarn.
21.–29.06.1914	Drittes Internationales Flugmeeting in Aspern.
November 1914	Aufstellung der Fliegerkompanie 9, der Fliegerersatzkompanie 1.
20.03.1918	Einrichtung der k.k. Postfluglinie von Wien nach Kiew.
02.01.1919	Aufstellung der Fliegerhorste 5 und 6 der Deutschösterreichischen Fliegertruppe.
28.07.1919	Aufstellung einer Flugpolizei mit aus dem Weltkrieg stammenden Flugzeugen.
26.09.1920	Großes Kunst-, Schau- und Passagierfliegen am Flugplatz.
1921	Auflösung der Flugpolizei. Militärische Gebäude müssen abgetragen werden.
02.08.1921	Von Paris ausgehend landet ein Flugzeug der Compagnie Franco-Roumaine de Navigation Aérienne auf dem Weg nach Bukarest in Aspern.
11.11.1921	Aufstellung der Flugplatzinspektion Aspern.
06.04.1922	Übernahme des Flugplatzes in Verwaltung des Bundesministeriums für Handel und Verkehr.
01.05.1922	Erstflug der Gesellschaft Franco-Roumaine auf der Strecke Prag–Wien–Budapest.
14.09.1922	In Österreich wird der zivile Luftverkehr wieder erlaubt.
22.04.1924	Die Trans Europa Union und die ÖLAG-Österreichische Luftverkehrs AG eröffnen die Strecke München–Wien, die Flugzeuge landen in diesem Jahr erstmals in Aspern.
31.07.1924	Ing. Theodor Hopfner gründet in Aspern ein Rundflugunternehmen.
17.05.1925	Die Kärntner Luftverkehrs AG landet erstmals von Klagenfurt kommend in Wien.
05./06.09.1925	Flugmeeting am Flugfeld Aspern.
1925/26	Flugtage mit Udet-Schaufliegen.
1926	Aspern erhält eine Funkanlage.
21.03.1927	Erstflug Wien–Prag–Dresden–Berlin, Gemeinschaftslinie von ÖLAG, Lufthansa und CSA.
19.04.1927	Neue Verbindung in den Süden: Wien–Graz–Klagenfurt–Venedig.
29.05.1928	Taufe des ersten dreimotorigen Großflugzeuges vom Typ Junkers G 31 für die ÖLAG. Erstmals in diesem Jahr betreibt die ÖLAG ihr Streckennetz ganzjährig.
1928	Aufbau von Flugsicherungsdiensten.
15.04.1929	Eröffnung des neuen Abfertigungsgebäudes und Beginn der geheimen Piloten-ausbildung für das Bundesheer im Rahmen der ÖLAG-Fliegerschule.
12.08.1929	Das erste Geschwader einer Europarundflugkonkurrenz landet in Aspern.

1930	Peilfunkstelle in Betrieb. Zehn Fluglinien kommen nach Aspern.
25.07.1930	Internationaler Europa-Rundflug in Aspern. Die ersten Flieger treffen ein.
1930–1932	Ing. Raoul Hafner und Bkfm. Bruno Nagler experimentieren mit ihrer Hubschrauberentwicklung Revoplan 1.
12.07.1931	Zum zweiten Mal landet ein Zeppelin-Luftschiff in Aspern, die LZ 127 „Graf Zeppelin".
14.–16.05.1932	Pfingstflug durch Österreich, Start in Wien.
21.–27.08.1932	In den Internationalen Rundflug 1932 mit Start und Ziel in Berlin ist Aspern miteinbezogen.
09.04.1933	10-Jahr-Feier der ÖLAG in Aspern mit Paradeaufstellung und Festreden.
09.–21.05.1933	Erster Internationaler österreichischer Alpenflug.
21.05.1933	Großflugtag mit Flugzeugen des noch geheimen Bundesheeres (Schulflugzeuge).
1934	UKW-Funkbake in Betrieb.
19.–27.05.1934	Pfingst-Rundflug durch Österreich. Die Teilnehmer halten sich am 22. und 23. Mai in Wien auf.
28.08.–16.09.1934	Internationaler Rundflug. Start und Ziel ist Warschau, die Teilnehmer landen auch in Aspern.
Frühjahr 1935	Die ÖLAG erhält ihre ersten beiden Junkers Ju 52/3m Verkehrsflugzeuge.
07.–12.06.1935	„Pfingsten in Österreich", Flug durch Österreich und Ungarn, mit Besuch von Aspern.
22.06.1935	Der Heißluftballon „A-Marek 1" steigt zu seiner ersten Freifahrt hoch.
1936	Aspern wird Fliegerhorst der österreichischen Luftstreitkräfte. Ein Hangar wird errichtet.
28.05.–03.06.1936	Pfingstflug 1936. Die Teilnehmer erreichen am 31. Mai Wien.
19.09.1937	Großflugtag der Österreichischen Luftstreitkräfte.
12.03.1938	Landung von Verbänden der Deutschen Luftwaffe.
19.03.1939	„Tag der Deutschen Luftwaffe".
22.–29.05.1938	Deutschlandflug, der auch über Wien führt.
Oktober 1938	Gründung der Wiener Flughafen GmbH., Aspern bleibt Verkehrsflughafen, Leithorst der Luftwaffe, in der Nähe entstehen mehrere Stützpunkte.
1945–1955	Aspern wird sowjetischer Militärflugplatz und Stützpunkt einer Garde-Bomber-Division.
Ende 1955	Übernahme des Flugplatzes durch den Österreichischen Aero-Club.
20.05.1956	Pfingst-Flugtag und Sternflug anlässlich der FAI-Tagung in Wien.
01.01.1958	Betriebsbewilligung für Motorflugzeuge bis 2.000 Kilogramm.
09.06.1959	Das erste zweimotorige österreichische Nachkriegsflugzeug, die SGP-Meindl M222 wird in Aspern erstmals der Öffentlichkeit vorgestellt.
17.06.1962	Großflugtag zur Feier anlässlich des 50-jährigen Bestehens des Flugplatzes.
25.09.1965	Großflugtag in Aspern anlässlich der Feier „20 Jahre Republik".
30.03.1968	Feier „50 Jahre Flugpost".
31.05.1969	Großflugtag in Aspern.
10.07.1970	Oskar Westermayer führt seinen Einmann-Tragschrauber der Öffentlichkeit vor.
05.09.1974	Das Goodyear-Luftschiff „Europa" landet in Aspern.
31.03.1977	Schließung des Flughafens Wien-Aspern wegen der Inbetriebnahme der neuen Piste in Schwechat.

Die Heimat entdecken!

Von Kiel bis Wien,
von Aachen bis Görlitz:
Entdecken Sie Alltagsgeschichten
aus Ihrer Heimatstadt!

Leben in der Großstadt ...

Tauchen Sie ein in das quirlige Großstadtleben vergangener Tage. Spazieren Sie über breite Boulevards und stürzen Sie sich ins Nachtleben. Erkunden Sie ihre Stadt durch die Fensterscheiben einer Straßenbahn oder des ersten Käfers und bewundern Sie prächtig geschmückte Schaufenster.

... und ländliche Idylle

Wie sah das Leben in Ihrer Heimat aus, als die Bauern noch mit Pferden pflügten und jedes Dorf seinen eigenen Schmied hatte, jeder noch jeden kannte und das Leben sich zwischen Kirche, Wirtshaus und Wohnküche abspielte?

Erinnerungen an die Schulzeit ...

Erinnern Sie sich noch an die Zeiten von Abakus und Schiefertafel, an Klassenausflüge oder den ersten Taschenrechner? Blicken Sie zurück auf große Klassen und gestrenge Schulmeister, entdecken Sie auf Klassenfotos Freunde und Bekannte von früher!

... und das Arbeitsleben

Entdecken Sie, wie sich das Arbeitsleben in den letzten hundert Jahren verändert hat. Werfen Sie einen Blick in Fabrikhallen, blicken Sie Handwerksmeistern bei ihrer Arbeit über die Schulter und erinnern Sie sich an den Einkauf im Tante-Emma-Laden.

Gesellige Stunden im Verein …

Fußballclub und Schützenverein, Musikkapelle und Gesellenverein: Schauen Sie zurück auf Volksfeste und Turniere, Chorproben oder Prunksitzungen. Erinnern Sie sich an schöne Stunden und das gesellschaftliche Leben in Ihrer Heimat.

... und im Familienkreis

Werfen Sie einen Blick in die Wohnzimmer vergangener Tage und entdecken Sie, wie sich zwischen schweren Eichenmöbeln, Nierentischen und Ikea-Regalen der Alltag verändert hat. Erleben Sie Familienfeiern und Weihnachtsfeste im Wandel der Jahrzehnte mit.

Alltagsgeschichte in historischen Fotos zu über 1000 Regionen, Städten und Gemeinden

Bestellen Sie jetzt
Ihr persönliches Exemplar auf

www.suttonverlag.de

Zeitfracht Medien GmbH
Ferdinand-Jühlke-Straße 7
99095 Erfurt, Deutschland
produktsicherheit@kolibri360.de

Druck:
CPI Druckdienstleistungen GmbH
im Auftrag der
Zeitfracht Medien GmbH
Ein Unternehmen der Zeitfracht - Gruppe
Ferdinand-Jühlke-Str. 7
99095 Erfurt